I0457311

www.ingramcontent.com/pod-product-compliance
Lightning Source LLC
Chambersburg PA
CBHW041608120626
46551CB00002B/356

* 9 7 8 1 9 9 0 2 8 6 1 7 9 *

نوروز

در خانواده‌ی ما

نویسنده: الحان رحیمی

تصویرگر: بونی لُمیر

Original English Title:
Naw-Rúz in My Family
Written by Alhan Rahimi
Illustrations by Bonnie Lemaire

ISBN of English Paperback: 978-1-7770934-8-8
ISBN of English Hardcover: 978-1-7770934-9-5

The English version has been approved by the National Spiritual Assembly of the Bahá'ís of Canada.

ISBN of the Hardcover Persian version:
978-1-990286-18-6

ISBN of Paperback Persian version:
978-1-990286-17-9

این کتابِ ــــــــــــــ اسـت.

Happy Naw-Rúz

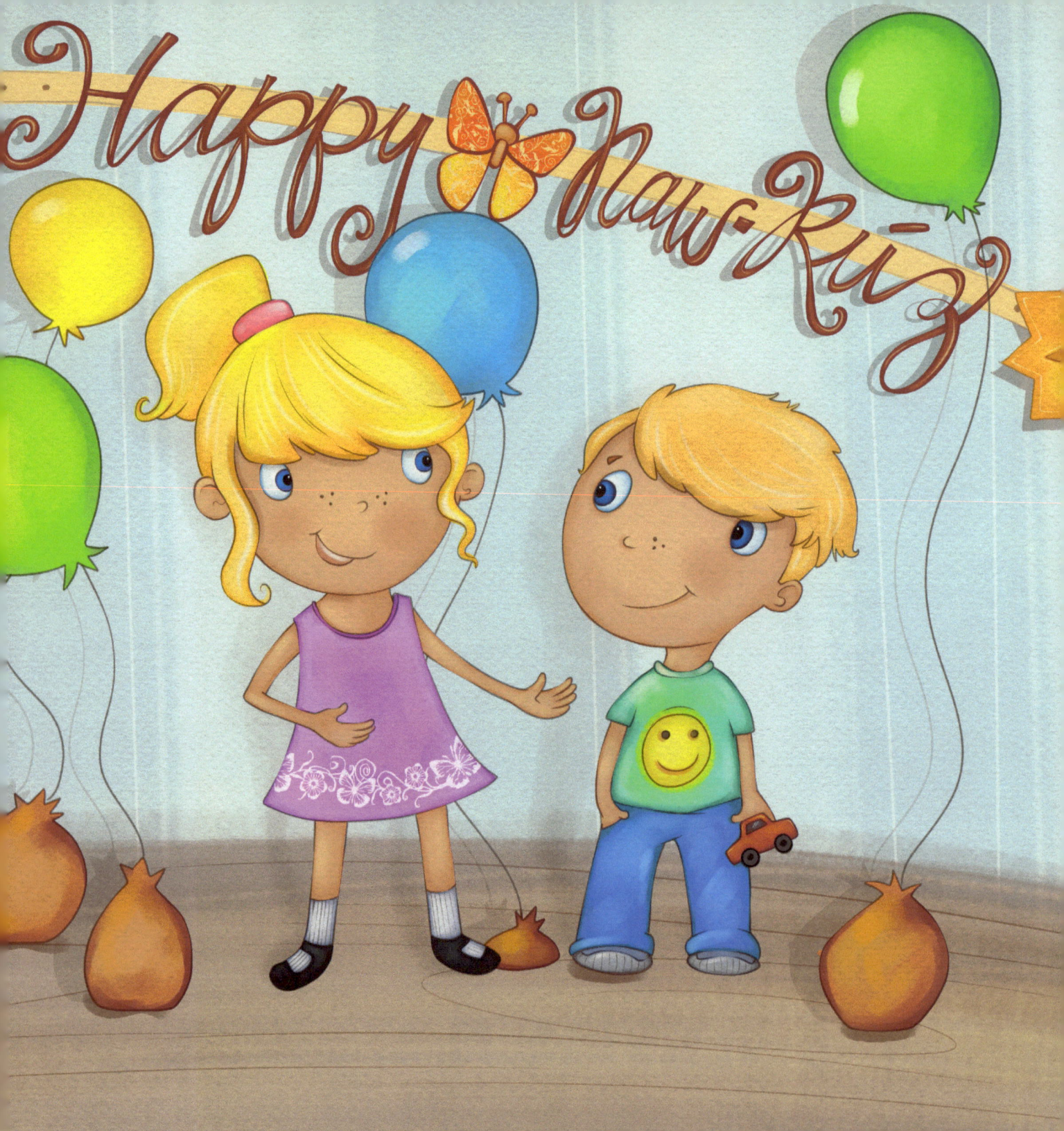

من آلیس هستم، و این برادرم بِن است. امروز، ما نوروز را جشن می‌گیریم یعنی شروع سال نوِ بهائی!

نوروز همچنین جشن پایان ماه صیام یا ماه روزه است. پدر و مادرم نوزده روز پیش از ســال نو روزه گرفتند. به این معنــی که آن‌ها در طول این مدت از طلوع آفتاب تا غروب آفتاب هیچ‌چیز نخوردند و نیاشامیدند. بااینکه کودکان نباید روزه بگیرند، من سعی کردم مثل آن‌ها روزه بگیرم. کار بسیار سختی بود، برای همین ادامه ندادم.

نوروز اولین روز بهار است. در فصل
بهار اتفاق‌های جدید زیادی می‌افتد.
می‌توانی چند مورد از آن‌ها را نام ببری؟

پیش از نوروز، کمک می‌کنم تا اتاقم را تمیز کنیم،

و مطمئن می‌شوم که اسباب‌بازی‌هایم مرتب شده‌اند.

در نوروز لباس و کفش نو می‌پوشم.
دوست دارم که گردنبند و دستبند هم
بپوشم. زیورآلاتی برای مناسبت‌های خاص
دارم که مامان آن‌ها را برایم نگه می‌دارد.

همراه خانواده‌ام به یک جشن بزرگ می‌روم، و در آنجا کودکان دیگر و پدر و مادرهایی هستند که نوروز را جشن می‌گیرند. در آنجا دعا می‌کنیم، آواز می‌خوانیم و گاهی باهم رقص‌های سنتی انجام می‌دهیم.

همیشه بعد از برنامه، کیک

و غذای خوشمزه داریم.

همچنین دوست دارم که دوست
و همسایه‌مان مونا را در نوروز ببینم؛
بنابراین هر سال به خانه‌شان می‌رویم.

خانواده‌ی او نوروز را به‌روش سنتی ایران
جشن می‌گیرند؛ برای همین به من و بِن
عیدی می‌دهند.

آن‌ها یک میز بزرگ هم دارند که
روی آن مقدار زیادی شیرینی
و ماهی قرمز می‌گذارند.

من بهارم را این‌طور شروع می‌کنم.

شما در بهار چه‌کارهایی می‌کنید؟

کتابی دیگر از این مجموعه به زبان فارسی:

ایّام هاء
در خانواده‌ی ما
نویسنده: الحان رحیمی
تصویرگر: کْسِنیا پاوسْکا

کتاب‌های دیگرِ الحان رحیمی به زبان‌های انگلیسی و عربی:

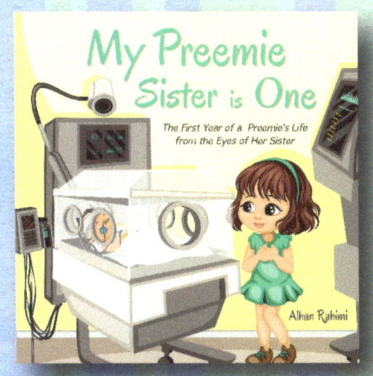

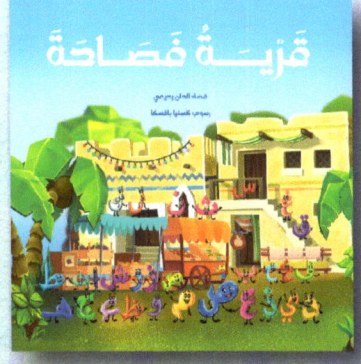

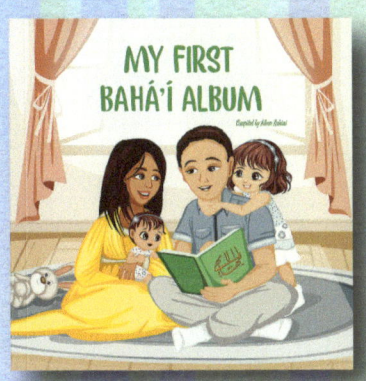

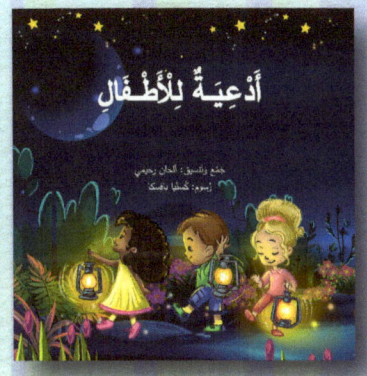

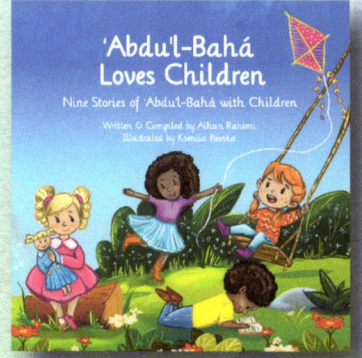

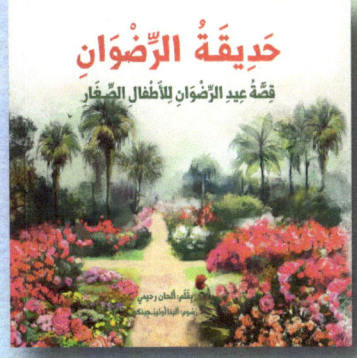